Un cuento escrito por Elisa Mariscal
y dibujado por Avi

Pepo va de paseo

Pepo sale a pasear
por la mañana temprano.
Pepo habla con la gente
y con las cosas. ¡Es tan simpático!

¿Con quién hablará
esta mañana?
Muy pronto lo vas a saber.

–Hola, farola.
–Hola, Pepo. ¿Quieres que
encienda la luz?

–No, farola, que es de día.
Muchas gracias. ¡Hasta luego!

–Mmmm, qué olorcito tan rico.
¿De dónde vendrá?
–Parece que de esa tienda –le dice el semáforo a Pepo.

–¡Quiero entrar!
¿Puedo cruzar ya?
–Espera al muñequito verde...
¡Ahora puedes pasar!

Toda la tienda está llena
hasta arriba de caramelos.
Pepo los mira y remira
con ojos golosos y tiernos.

–Toma una piruleta –le dice la dueña a Pepo–. ¿O prefieres un refresco?
–Un zumo de melocotón y... la piruleta para luego. Gracias. ¡Adiós!

¡Cuánta sed tenía Pepo!
En el banco sentadito
se ha bebido el zumo entero.

–¿Y ahora dónde dejo esto?
Buscaré una papelera
para no tirarlo al suelo.

–Aquí hay una papelera –le dice
el barrendero a Pepo.
–Muchas gracias y hasta luego.

... Me voy al parque a jugar
con los columpios y el tobogán.
–Pues verás una sorpresa que
te encantará. ¡Adióóóóós!

–¿Una sorpresa en el parque?
¡Anda, hay un columpio nuevo!
El otro estaba ya roto
y lo tuvieron que quitar.

COLUMPIO, COLUMPITO,
ME COLUMPIO SENTADITO
HACIA DELANTE Y HACIA ATRÁS.
Y VUELTA A EMPEZAR.

Dirección editorial: Maite Malagón

Dirección de Arte: José Crespo
Proyecto gráfico: Estudio Manuel Estrada
Coordinación gráfica: Rosa Marín
Coordinación artística: Pedro García
Desarrollo gráfico: Javier Tejeda

Dirección técnica: Ángel García Encinar
Coordinación técnica: Evaristo Moreno
Confección y montaje: Alfredo Guzmán
Corrección: M.ª José Rodríguez y Pilar Pérez

Torrelaguna, 60 - 28043 Madrid

PRINTED IN SPAIN
Impreso en España por
Gráficas Internacional, S.A.
Sierra de Albarracín 2. 28946 Fuenlabrada (Madrid)

ISBN: 84-294-7428-5
Depósito legal: M-839-2003

Santillana

ISBN 84-294-7428-5
9 788429 474282

GU TIERRATGEBER

Nymphensittiche

lebhaft & gesellig

Plus GU-Experten-Service

DAS ORIGINAL · MIT GARANTIE · GU

THOMAS HAUPT

MIT DEN 10 GU-ERFOLGSTIPPS

- Sanfte Eingewöhnung Schritt für Schritt
- Beschäftigungs-Programm nach Maß

GU